**Wilfried Pott**

# Das erste Home Rule-Gesetz Premierminister Gladstones und die Gründe für das Scheitern

GRIN Verlag

**Bibliografische Information der Deutschen Nationalbibliothek:**

Die Deutsche Bibliothek verzeichnet diese Publikation in der Deutschen National-
bibliografie; detaillierte bibliografische Daten sind im Internet über http://dnb.d-
nb.de/ abrufbar.

**Impressum:**

Copyright © 2005 GRIN Verlag GmbH
Druck und Bindung: Books on Demand GmbH, Norderstedt Germany
ISBN: 978-3-638-63742-8

**Dieses Buch bei GRIN:**

http://www.grin.com/de/e-book/45702/das-erste-home-rule-gesetz-premierminister-
gladstones-und-die-gruende-fuer

## GRIN - Your knowledge has value

Der GRIN Verlag publiziert seit 1998 wissenschaftliche Arbeiten von Studenten, Hochschullehrern und anderen Akademikern als eBook und gedrucktes Buch. Die Verlagswebsite www.grin.com ist die ideale Plattform zur Veröffentlichung von Hausarbeiten, Abschlussarbeiten, wissenschaftlichen Aufsätzen, Dissertationen und Fachbüchern.

## Besuchen Sie uns im Internet:

http://www.grin.com/

http://www.facebook.com/grincom

http://www.twitter.com/grin_com

# Das erste Home Rule-Gesetz Premierminister Gladstones und die Gründe für das Scheitern

Hausarbeit zur Erlangung eines Leistungsnachweises im Hauptstudium des Hauptfaches Geschichte (Lehrgebiet Neuere Deutsche und Europäische Geschichte) zum Kurs 04199 (Geschichte Englands im 19. und 20. Jahrhundert)

Datum der Abgabe: 30.09.2005

# Inhaltsverzeichnis

Seite

1.  Einleitung                                                          3

2.  Zeitliche Einordnung                                               5

3.  Inhalt und Zielrichtung des Gesetzes                               7

4.  Befürworter des Gesetzes                                           9

5.  Gegner des Gesetzes                                                11

6.  Gründe für das Scheitern und die Rolle Gladstones                 14

7.  Fazit und Ausblick                                                18

8.  Anhang: Zeittafel                                                 21

9.  Anhang: Wahlergebnisse der Unterhauswahlen 1868 bis 1892          24

10. Literaturverzeichnis                                              27

## 1. Einleitung

Diese Hausarbeit befasst sich mit dem ersten *Home Rule*-Gesetz[1] Premierminister Gladstones[2] aus dem Jahre 1886. Die *Home Rule*-Gesetzgebung und damit das Selbstbestimmungsrecht der Iren war ein wesentlicher Bestandteil Gladstonescher Politik. Es war ein, wenn nicht sogar der entscheidende Bestandteil zur Lösung der Irischen Frage. Bis es aber zu diesem ersten Gesetz kam war ein langer, steiniger Weg zurückzulegen. Seit dem *Act of Union*[3] stand die Irische Frage immer wieder, mal mehr mal weniger, mitunter auch mit Gewalt auf der Tagesordnung englischer Politik. Irische Nationalisten suchten sie zum Teil gewaltsam zu lösen und englische Politiker sahen mit und in ihr das Empire gefährdet. Ignoriert werden konnte die Irische Frage allerdings nicht, aber die Mittel die zur Lösung führten, waren mehr als umstritten. Innerparteiliche Gegner versuchten Gladstones Bemühungen zu unterlaufen, was schließlich zur Gründung einer neuen Partei und einer jahrzehntelangen Schwäche der Liberalen führte.

Letztendlich hatte dieses erste *Home Rule*-Gesetz sehr weit reichende Auswirkungen: auf die irische Nation, auf die irische Nationalbewegung, die britische Parteienlandschaft und schließlich die politische Zukunft Gladstones. Wenngleich es vorsah dem irischen Volk eine Selbstbestimmung zu geben, war hiermit allerdings keine Unabhängigkeit gemeint wie man sie später in der britischen Kolonialgeschichte erlebte.

*Home Rule* wird oftmals nur als ein exakt abgrenzbarer Teil irischer und englischer Geschichte betrachtet. Dies erweckt den Eindruck,

---

[1] Unter *Home Rule* versteht man im Zusammenhang mit der irischen und englischen Geschichte einem Ausdruck, der von irischen Nationalisten im 19. Jahrhundert verwendet wurde, um das Ziel der Souveränität Irlands auszudrücken.
[2] William Ewart Gladstone war Liberaler und lebte vom 29.12.1809 bis zum 19.5.1898.
[3] Der *Act of Union* im Jahr 1800 war die Vereinigung des Königreiches Großbritannien mit Irland zum Vereinigten Königreich von Großbritannien und Irland. Diese Vereinigung wurde möglich nachdem das irische Parlament dem Act of Union und damit seiner Selbstauflösung zustimmte.

als ob die Frage nach der Selbstbestimmung des irischen Volkes nur zu bestimmten Zeitpunkten, insbesondere in den Jahren 1886, 1893, 1913 oder während des wenig später stattfindenden Unabhängigkeitskrieges eine Rolle gespielt hätte. Dies kann aber verneint werden.[4] Vielmehr war *Home Rule* ein langer und nachwirkender Prozess, dessen Auswirkungen bis in die aktuelle Tagespolitik reichen. Letztendlich beruht der derzeitige Versuch einen gesicherten Frieden in Nordirland zu schaffen auf den Auswirkungen des im Jahre 1913 verabschiedeten und zum dritten Mal eingebrachten *Home Rule*-Gesetzes. Letztendlich ist ein wesentlicher Teil Ulsters weiterhin Bestandteil des Vereinigten Königreiches und damit wird auch die Vereinigung Irlands, in welcher Form auch immer, weiterhin auf der politischen Agenda stehen.

Im Rahmen dieser Hausarbeit ist insbesondere zu klären, warum sich das Parlament in Westminster überhaupt mit der Irischen Frage beschäftigen musste und welche Probleme es in Irland in der zweiten Hälfte des 19. Jahrhunderts gab. Welchen Anteil konnte dabei das *Home Rule*-Gesetz zu einer Lösung beitragen? Welche Intention steckte hinter dem Gesetz und wie war es inhaltlich ausgestaltet? Wer befürwortete es, wer waren die Gegner und warum scheiterte schließlich im Jahre 1886 doch der erste Versuch den Iren ihre Selbstverwaltung wieder zu geben?

Diese Fragen sollen im Rahmen der vorliegenden Hausarbeit behandelt werden. Hierzu werde ich zunächst kurz auf die Geschichte der englischen Herrschaft in Irland und die inneririschen Verhältnisse seit dem Beginn der großen Hungerkatastrophe im Jahre 1845 eingehen, um mich dann näher mit dem Inhalt und der Zielrichtung des Gesetzes zu beschäftigen und dabei die o. a. Fragen zu beantworten.

Es stellt sich die Frage, ob das *Home Rule*-Gesetz ein sinnvoller Schritt in Richtung des Selbstbestimmungsrecht Irlands war oder ob

---

[4] Vgl. Jackson, Alvin: Home Rule – An Irish History 1800 - 2000, London 2003, S.320 f.

das Voranpreschen Gladstones nicht eher kontraproduktiv war und so der Grundstein für das verstärkte Misstrauen der unionistischen Bevölkerungsteile gelegt wurde. Wäre die Selbstbestimmung schneller gekommen, wenn Gladstone im Jahre 1886 auf das überhastete Einbringen des Gesetzentwurfs verzichtet hätte? Eins ist sicherlich klar, das erste *Home Rule*-Gesetz hat seine Spuren hinterlassen. Warum die Irische Frage allerdings 1886 nicht gelöst werden konnte, soll ebenfalls nachfolgend dargestellt werden.

Meine Hausarbeit stützt sich dabei im Wesentlichen auf die Veröffentlichungen von James Camlin Beckett, Jürgen Elvert. Michael Maurer und Frank Otto, ergänzt durch die aktuellen Forschungen zu *Home Rule* durch Alvin Jackson.


## 2. Zeitliche Einordnung

Als 1800 der *Act of Union* das Ende der irischen Selbstständigkeit besiegelte, war noch nicht absehbar wie sich die irische Geschichte weiter entwickeln wird, und ob es jemals wieder zu einem unabhängigen irischen Staat kommen könnte.

Irland war im Jahre 1834, so wie in den Jahrhunderten zuvor, ein zutiefst katholisches Land. Es gab 80,9 % Katholiken, 8,1 % Presbyterianer und 10,7 % der Bevölkerung gehörten der *Church of Ireland* an.

Die Volkszählung von 1861, deren Ergebnisse als recht genau gelten, zeigte keine wesentlichen Änderungen bei der Religionszugehörigkeit auf. Weiterhin bekannte sich demnach eine überragende Mehrheit der irischen Bevölkerung zum katholischen Glauben. Exakt waren 77,7 % Katholiken, 9 % Presbyterianer und 12 % Anglikaner. Nun konnte niemand mehr der Meinung sein, dass die angli-

kanische Staatskirche jemals die Kirche des irischen Volkes würde.[5]

Die Relation von Katholiken und Protestanten veränderte sich also
insgesamt nur wenig. Die geringfügigen Veränderungen beruhten
auf den Tatsachen, dass von Hunger, Krankheiten und Emigration
stärker die Armen, die Gälischstämmigen und Katholiken betroffen
waren. Ein weiterer Grund für die leichte Abnahme des katholischen Bevölkerungsanteils lag im *Souperism*. Bei dieser Armen-
speisung erhielten irische Einwohner nur dann staatliche Suppe,
wenn sie zur Staatskirche übertraten.[6]

Nach der Hungerkatastrophe befand sich Irland im Zustand wirt-
schaftlicher und politischer Erschöpfung. Die irischen Widerstands-
organisationen gegen die Union existierten nicht mehr, das „Junge
Irland" hatte sich aufgelöst und wurde kaum noch erkannt, niemand
fand sich, der O´Conells[7] Platz hätte einnehmen können, Irland ver-
fügte über keine nationale Partei und die britische Regierung zudem über keine einheitliche Irlandpolitik.

Vierzig Jahre später, also in den 1880er-Jahren, hatte sich die Situ-
ation von Grund auf geändert. Parnell[8] war im Besitz einer Füh-
rungsposition, die ebenso eindeutig – wenn auch nicht so gesichert
– war wie die O´Connells, und er hatte eine geschlossene Gruppe
von Abgeordneten hinter sich, die über 80 % aller Abgeordneten Irlands in London umfasste.[9]

Trotz dieser starken politischen Repräsentation bestanden die ei-
gentlichen Probleme in Irland über das Ende der 1870er-Jahre un-
verändert fort: Missernten und Hungersnot auf dem Lande vereint

---

[5] Vgl. Maurer, Michael: Kleine Geschichte Irlands, Stuttgart 1998, S. 235
[6] Vgl. Maurer, Michael: Kleine Geschichte Irlands, a.a.O, S. 235
[7] Daniel O' Conell lebt vom 6.8.1775 bis zum 15.5.1847 und war ein irischer Freiheits-
kämpfer.
[8] Charles Stewart Parnell lebte vom 27.6.1846 bis 6.10.1891.
[9] Vgl. Beckett, James Camlin: Geschichte Irlands, Stuttgart 1997, S. 198

mit Auswirkungen der zunehmenden Industrialisierung und Mechanisierung vor allem in Großbritannien, welche die weniger entwickelten Gewerbe in Irland an den Rand des Ruins brachten.

Das Hauptthema in der irischen Geschichte während der Jahrhunderte englischer Dominanz war der Drang nach Selbstbestimmung. Die moderne *Home Rule*-Bewegung begann 1870 mit Isaac Butt. Dieser wandte sich mit seinem Programm hauptsächlich an die irische Mittelklasse. Die tiefe Krise in der Landwirtschaft begann 1873 und brachte die *Home Rule*-Bewegung voran. Parnell brachte auch die Arbeiter in der Landwirtschaft auf die Seite der *Home Rule*-Bewegung, ebenso wie dies bei der *Fenier*-Bewegung der Fall war. In dieser waren nur Wenige bereit Gewalt der Sache wegen anzuwenden. Selbst Parnell lehnte den Mord an zwei britischen Beamten im Dubliner Phoenix Park im Jahr 1882 ab.

Die Irische Frage stand demnach ganz oben auf der innenpolitischen englischen Agenda. Ihr Aufkommen und erste Schritte zur Lösung fallen größtenteils in die Amtszeit Premierminister William Ewart Gladstones, der vier Regierungen in den Jahren 1868 bis 1874, 1880 bis 1885, 1886 und 1892 bis 1894 vorstand.

**3.     Inhalt und Zielrichtung des Gesetzes**

Premierminister William Ewart Gladstone versuchte, die Irische Frage durch das *Home Rule*-Gesetz zu lösen, welches er 1886 formell einbrachte.

Dieses *Home Rule*-Gesetz setzte voraus, dass die oberste Gesetzgebung für Irland auch weiterhin in Westminster verblieb. Dennoch konnte das irische Parlament weit reichende inländische Entscheidungen treffen. Zu den Entscheidungen die sich Westminster allerdings vorbehielt, und über die nach wie vor ein von London zu ernennender *Lord Lieutenant* an der Spitze der Dubliner Verwaltung wachen sollte, gehörten alle sicherheits- und außenpolitischen Fragen und zudem insbesondere die folgenden Aufgaben:

- Juristische Ahndung von Verratsfällen
- Post
- Fragen, die die Krone betrafen
- Titel/Ehrungen
- Entscheidungen über Fremdenstatus und Einbürgerung
- Außenhandel
- Schifffahrt
- Quarantäne
- Leuchtfeuer
- Leuchttürme
- Münzen
- Gewichte
- Urheberrecht
- Zulassung oder Unterstützung von Religionen und
- nichtkonfessionelle Kontrolle der Schulen.[10]

Die irischen Sitze in Westminster sollten im Gegenzug wegfallen. Das irische Parlament sollte insbesondere in allen Steuerfragen, zuständig sein. Der irische Staat hätte sich allerdings mit einem Betrag von maximal 3.242.000 £ am britischen Haushalt beteiligen müssen. Hinzu wären weitere Ausgaben für die *Dublin Metropolitan Police*, die *Royal Irish Constabulary*[11] sowie für Kolonialangelegenheiten in Irland gekommen.[12]

Den Iren sollte allerdings nicht die Kontrolle über die Krone, Kriegserklärungen, Friedensschlüsse, Außen- und Kolonialangelegenheiten, Handel und Verkehr, Münzwesen und schließlich die *Home Rule*-Verfassung selbst übertragen werden. Nach zwei Jahren hätte für sie ein Zugriff auf die *Dublin Metropolitan Police* bestanden. Ei-

---

[10] Vgl. Noetzel, Thomas: Geschichte Irlands. Vom Erstarken der englischen Herrschaft bis heute, Darmstadt 2003, S. 216

[11] Es handelt sich hierbei um die irische Polizei.

[12] Vgl. Jackson, Alvin: Home Rule – An Irish History 1800 - 2000, a.a.O., S. 58 f.

ne Kontrolle über die *Royal Irish Constabulary* war dagegen nicht vorgesehen.[13] Das *House of Lords* war zudem als höchster Gerichtshof für Irland zuständig. Irland hätte 1.46 Mio. £ jährliche Abgaben und 1,66 Mio. £ für die britische Armee und Marine entrichten müssen. Hinzu kamen eine Mio. £ für die *Dublin Metropolitan Police* und die *Royal Irish Constabulary*. Die 110.000 £ für Kolonialangelegenheiten nehmen sich dagegen eher gering aus.[14]

## 4. Befürworter des Gesetzes

Es kann nicht erstaunen, dass die Befürworter des *Home Rule*-Gesetzes fast ausschließlich von der irischen Insel stammten. Hier ist zunächst und insbesondere Charles Stewart Parnell zu nennen. Sicherlich gehörte Parnell zu den größten Befürwortern des *Home Rule*-Gesetzes und die Einbringung des Gesetzes war für ihn ein Triumph. Die letztendliche Ablehnung des Gesetzentwurfes konnte seine Position nicht schwächen. Um es mit Jackson zu sagen: „Je sicherer das Gesetz scheitern würde, desto mehr konnte es befürwortet werden.[15]

Als Parnell 1882 die Erlaubnis erhielt die *Irish National League* als Nachfolgeorganisation der Landliga zu gründen und daraufhin zusagte die Unruhen zu beenden und das Landgesetz zu unterstützen, versprach er zudem sich strikt an ein konstitutionelles Vorgehen zu halten.[16] Dieses Vorgehen schloss demzufolge die Lösung der Irischen Frage mit legalen Mitteln ein.

Parnell bestimmte in den späten 1880er-Jahren das Gleichgewicht zwischen den beiden großen englischen Parteien, denn obwohl die Liberalen die Mehrheit besaßen, konnten sie keine Regierung bil-

---

[13] Vgl. Jackson, Alvin: Home Rule – An Irish History 1800 - 2000, a.a.O., S. 58
[14] Vgl. Jackson, Alvin: Home Rule – An Irish History 1800 - 2000, a.a.O., S. 58 f.
[15] Vgl. Jackson, Alvin: Home Rule – An Irish History 1800 - 2000, a.a.O., S. 61, dort Zitat O'Day, Alan: Parnell and the First Home Rule Episode, 1884-87, Dublin 1986, S. 199
[16] Vgl. Otto, Frank: Der Nordirlandkonflikt. Ursprung, Verlauf, Perspektiven, München 2005, S. 45

den, wenn die irischen Abgeordneten[17] gegen sie stimmten.[18] Insofern liegt die Vermutung nahe, dass Parnell ebenso die Konservative Partei unterstützt hätte, wenn sich diese der Irischen Frage aktiv angenommen hätte.

Die Katholische Kirche billigte die Gründung der *Irish National League* und Parnells Zusicherung, sich zukünftig an ein konstitutionelles Vorgehen zu halten. Sie begann seit 1884 *Home Rule* zu unterstützen.[19]

Der Einfluss der Katholischen Kirche war zudem weiterhin stark, obwohl die Anzahl der Katholiken durch die Hungersnot leicht zurückging. Das *Disestablishment* war der wesentliche Schritt zur Trennung von Staat und Kirche in Irland.[20] Es fand die Zustimmung der Katholischen Kirche, letztendlich profitierte sie auch durch die finanzielle Förderung der Priesterausbildung in Maynooth.

Die *Irish Parliamentary Party* muss Kraft ihrer Existenz als Befürworterin des *Home Rule*-Gesetzes angesehen werden. In ihr befanden sich liberale irische Abgeordnete, die versuchten die Anliegen der *Tenant League* und der *Catholic Defense Association* zu verbinden. Einig waren sie in der Auffassung jede Regierung abzulehnen, die nicht diese Forderungen in einem Regierungsprogramm umsetzen wollte.

Die Trennung von Kirche und Staat war eine Grundforderung der Liberalen. Diese Entwicklung entsprach aber ebenso den Bestre-

---

[17] Die *Nationalist Party* existierte in verschiedenen Formen von 1874 bis 1973. Sie wurde von Isaac Butt als *Home Rule League* gegründet. Nach Butts Tod spaltete sie sich in die radikalen Mitglieder, die von Parnell geführt wurden und die *whiggish* Mitglieder unter William Shaw. Dieser war nur 1879 bis 1880 Parteiführer, dann wurde er von Parnell geschlagen. Die *whiggish* Mitglieder verloren 1885 alle ihre Abgeordnetensitze. Die Partei erneuerte sich unter Parnell und wurde 1882 zur *Irish Parliamentary Party*. Die *Home Rule League* wurde damit endgültig ersetzt. Die Partei war aktiv, um die Grundlagen für eine irische Souveränität zu legen.
[18] Vgl. Beckett, James Camlin: Geschichte Irlands, a.a.O., S. 208
[19] Vgl. Otto, Frank: Der Nordirlandkonflikt. Ursprung, Verlauf, Perspektiven, a.a.O., S. 45
[20] Vgl. zu diesen Abschnitt Maurer, Michael: Kleine Geschichte Irlands, a.a.O., S. 235 f.

bungen des neueren irischen Nationalismus.[21] Es war der Schluss-
strich unter die *Protestant Nation*-Vorstellung des 18. Jahrhunderts.
Die überwiegende Zahl der liberalen Abgeordneten stimmte dem
*Home Rule*-Gesetz zu. Mit Craig ist zu sagen, dass die Mehrheit
der Liberalen erleichtert war, als Joseph Chamberlain[22] – aufgrund
von Meinungsverschiedenheiten mit Gladstone über die irische Politik im Jahre 1886 austrat und eine Gruppe namens *Liberal Unio-
nists* gründete, die dann mit den Konservativen zusammen arbeite-
te.[23]

Die Liberalen gewannen schließlich das Rennen um die Gunst der
irischen Nationalisten.[24] Letztendlich war dies aber nur ein Stroh-
feuer, das schnell verbrannte und in einer langen Oppositionszeit
endete, da die Konservativen als *Home Rule*-Gegner die Oberhand
behielten.


## 5. Gegner des Gesetzes

Das *Home Rule*-Gesetz stellte zwar nicht die Auflösung, aber eine
Lockerung des *Act of Union* von 1800 dar. Schon die im *Home Rule*-Gesetz vorgesehene moderate Selbstverwaltung ging aber einer
Mehrheit im *House of Commons* zu weit, wo das Gesetz mit 343 zu
313 Stimmen abgelehnt wurde. Dabei hatten sich Gladstone 93 Mitglieder seiner liberalen Fraktion verweigert, die sich fortan Liberale
Unionisten nannten und programmatisch nah an die Konservativen
rückten."[25]

In der Ablehnung des Gesetzes durch die Protestanten, den liberalen Abweichlern, den Grundbesitzern und den Konservativen ver-

---

[21] *Young Ireland, Fenians*
[22] Er lebte vom 8.7.1836 bis zum 2.7.1914.
[23] Vgl. Craig, Gordon A.: Geschichte Europas 1815-1980. Vom Wiener Kongress bis zur
Gegenwart, München 1984, S. 243
[24] Vgl. Elvert, Jürgen: Geschichte Irlands, München 1999, S. 370
[25] Vgl. Noetzel, Thomas: Geschichte Irlands. Vom Erstarken der englischen Herrschaft
bis heute, Darmstadt 2003, S. 81

mischten sich die unterschiedlichsten Motive. In Großbritannien und Irland hatten sich zudem Gegenkräfte gebildet. In Ulster entstand eine *Unionist Party*, die sich zum Ziel setzte, *Home Rule* zu verhindern.

Die Zeit war im Jahr 1886 noch nicht reif für die Gewährung des Selbstbestimmungsrechts. Die Gegner sahen schließlich das *Empire* in Gefahr und die Gewährung des Selbstbestimmungsrechts hätte von Englands Gegnern als Schwäche ausgelegt werden können. Insbesondere vor den Toren Europas wollte und konnte sich England keine Schwächung erlauben. Die Kolonialkonflikte[26] banden zudem finanzielle Mittel und Truppen.

Die Gegner setzten die Ablehnung von *Home Rule* als wichtiges Wahlkampfinstrument ein. Sie standen dabei Parnell und der *Irish Parliamentary Party* in nichts nach.

Im Wesentlichen kommen für die Ablehnung von *Home Rule* drei Motive in Betracht. Erstens fühlten sich die Grundbesitzer von den Landreformen bedroht, zweitens die Interessenten an Industrie und Handwerk durch das agrarische Übergewicht des Südens und drittens die Protestanten durch die katholische Mehrheit. Seit 1886 gab es neben der Geheimorganisation des *Orange Order* auch eine parlamentarische Partei dieser Zielrichtung. Unionisten scheuten nicht davor zurück, sich *Home Rule* mit Gewalt zuwidersetzen.[27]

Die Sicht der Protestanten spiegelt sich in der gängigen Losung „Home rule is Rome rule" wieder. Dies ist eine mehr als eindeutige Anspielung auf den Papst in Rom. Die Behauptung unterstellt, dass die katholischen Iren von Rom beeinflusst und gesteuert werden. Mit Elvert ist zu sagen, dass „Warnungen vor den verheerenden

---

[26] Hier ist in diesem Zusammenhang das britische Sendungsbewusstsein zu nennen. Die wirtschaftlichen und machtpolitischen Interessen verbanden sich mit der Überzeugung, Fortschritt und Zivilisation in der Welt fördern zu müssen.
1878 Erwerb Zyperns, 1979 Zulu-Krieg, 1882 Besetzung Ägyptens. Zudem „gewinnt" Großbritannien in dieser Zeit Somali-Land (1884) und Kenia (1886) hinzu.
[27] Vgl. Maurer, Michael: Kleine Geschichte Irlands, a.a.O., S. 242 f.

Auswirkungen irischer nationaler Selbstverwaltung auf die persönlichen Freiheiten und das wirtschaftliche Wohlergehen aller Protestanten Ulsters eine geschlossene Abwehrfront gegen *Home Rule* im allgemeinen und die Regierungspolitik Gladstones im besonderen aufbauten."[28]

Der durchschnittliche Geschäftsmann in Ulster betrachtete die Aussicht auf Selbstverwaltung - abgesehen von der Frage, inwieweit die Unantastbarkeit seiner Konfession gewährleistet war – als eine Bedrohung seines Reichtums.[29] Während die Gesetzesvorlage im Parlament Anfang Juni 1886 beraten wurde kam es in Belfast zu den schwersten inneririschen Ausschreitungen des 19. Jahrhunderts. Insgesamt starben 32 Menschen und 371 wurden verletzt.[30] Dabei rief die unionistische Führung offen zu passiven Widerstand auf, falls es zu einer Dubliner Regierung käme.[31]

Das gesuchte Schlachtfeld in der politischen Auseinandersetzung fanden die Konservativen im Imperialismus und in der Ideologie der unabdingbaren Einheit des britischen Empires. Damit traf man auch den Nerv einer starken liberal-imperialistischen Fraktion unter Joseph Chamberlain, die sich dann 1886 von ihrer Partei abspalten sollte, während Gladstone ein strikter Gegner des Imperialismus war. Wichtigste Gefechtslinie dieses Kampfes sollte der Erhalt der Union von Großbritannien und Irland sein. In Verfolgung dieser Strategie banden sich die britischen Konservativen im Vorfeld der ersten *Home Rule*-Gesetzesvorlage 1886 enger an den Oranierorden. Höhepunkt der gemeinsamen Kampagne war eine große Versammlung von Konservativen und *Orange*-Männern im Februar 1886 in Belfast.[32]

---

[28] Vgl. Elvert, Jürgen: Geschichte Irlands, a.a.O., S. 372 f.
[29] Vgl. Beckett, James Camlin: Geschichte Irlands, a.a.O., S. 213
[30] Vgl. Otto, Frank: Der Nordirlandkonflikt. Ursprung, Verlauf, Perspektiven, a.a.O., S. 49
[31] Vgl. Otto, Frank: Der Nordirlandkonflikt. Ursprung, Verlauf, Perspektiven, a.a.O., S. 51
[32] Vgl. Otto, Frank: Der Nordirlandkonflikt. Ursprung, Verlauf, Perspektiven, a.a.O., S. 49

Die Abspaltung der Liberalen Unionisten beruhte auf der Ablehnung des *Home Rule*-Gesetzes. Demzufolge blieben sie in den folgenden Jahren gegenüber den weiteren *Home Rule*-Initiativen ablehnend eingestellt. Dies änderte sich bis zum formalen Zusammenschluss mit der Konservativen Partei im Jahr 1912 nicht.

## 6. Gründe für das Scheitern und die Rolle Gladstones

Die tiefer gehende Begründung für das Scheitern des *Home Rule*-Gesetzes liegt in der ablehnenden Haltung der unter Punkt 5 näher beschriebenen Gruppen und Parteien. Ein innenpolitischer Konsens lag 1886 in dieser Frage noch in weiter Ferne. Die Ideologie der unabdingbaren Einheit des britischen *Empire*, zu dem selbstverständlich auch die irische Insel gehörte, bestimmte die öffentliche Meinung und war als Grundsatz nicht nur in der Konservativen Partei sondern auch weit hinein in die Liberale Partei verbreitet. Im Grunde genommen, sozusagen aus britischer Sicht, war die Zeit noch nicht reif für ein *Home Rule*-Gesetz. Aber wie bereits oben beschrieben ließ das 1885er Wahlergebnis in seiner Konsequenz fast nur noch diesen Schritt zu, da letztendlich eine Unterstützung durch die *Irish Parliamentary Party* an diese Frage gekoppelt war.

Der konkrete Anlass für das Scheitern war allerdings der sog. *Hawarden Kite*.[33] Im Vorfeld dieses Eklats wurde im November 1885 deutlich, dass Parnell eine unabhängige Rolle für Irland wünschte. Dies deckte sich auch mit Gladstones Vorstellungen, der allerdings überzeugt war mehr Zeit zu benötigen, damit er seine Partei überzeugen konnte. Er hoffte deshalb, eine große Mehrheit für seine Partei bei den nächsten Unterhauswahlen Ende 1885 zu erhalten. Dennoch fristete die Irische Frage im Wahlkampf eher ein Schattendasein. Das Wahlergebnis[34] bescherte weder den Konservativen

---

[33] Vgl. hierzu die Homepage: http://www.liberalhistory.org.uk/record.jsp?type=page&ID =121 (Stand 19.7.2005)
[34] Siehe S. 23

noch den Liberalen eine Mehrheit. Die irischen Nationalisten spielten somit wieder das Zünglein an der Waage. Es war bekannt, dass sie jede Regierung unterstützen wollten, die plante *Home Rule* einzuführen. Gladstone hatte dieses Problem erkannt und deshalb entschieden, lieber die Konservativen sich an diesem Problem die „Zähne ausbeißen" zu lassen.

Sein Sohn Herbert Gladstone, der der Irischen Frage positiv gegenüber stand, wollte dagegen, dass die Öffentlichkeit die wahre, d.h. positive, Einstellung seines Vaters zur Irischen Frage erfuhr. Letztendlich hat er damit aber die Spaltung der Liberalen Partei verursacht, die sein Vater mit seinem Zögern zu vermeiden suchte.

Das Unglück nahm am 16. Dezember 1885 seinen Lauf, als Herbert Gladstone sich entschied seinem Vater zu helfen, um liberale Unterstützung für die *Home Rule*-Frage zu erhalten, indem er die Presse informierte, dass sein Vater an einem Plan für die Errichtung eines irischen Parlamentes dachte. Gladstones Sohn suchte hierzu einen Journalisten einer liberalen Zeitung auf. Unglücklicherweise wurden diese Informationen auch an ein konservatives Blatt weitergegeben, die diese dann veröffentlichte. Das Treffen mit dem Journalisten wurde als *Hawarden Kite* bekannt und erregte großes Aufsehen innerhalb der Liberalen Partei. Gladstone versuchte die Angelegenheit richtig zu stellen und sprach dabei von leichtsinnigen Spekulationen, die in der Presse auftauchten. Einige seiner Parteifreunde wie Hartington[35], Goschen[36] und Harcourt waren allerdings sehr erbost, als sie von diesen Plänen hörten. Sie waren nicht davon überzeugt, dass Gladstone nicht für die Veröffentlichung verantwortlich war. Stattdessen deutete der Zeitpunkt der Veröffentlichung aus ihrer Sicht darauf hin, dass Gladstone sich um die Unterstützung irischer Abgeordneter bemühte. Dies wurde als opportunistische Anbiederung angesehen, um in die Regierung

---

[35] Marquess of Hartington lebte vom 23.7.1833 bis 24.3.1908.
[36] George Joachim Goschen lebte vom 10.8.1831 bis 7.2.1907.

zu gelangen. Hartington hielt die Gerüchte zudem nicht weit von der Wirklichkeit entfernt.

Weite Teile der Liberalen Partei waren sehr aufgebracht, dass die Partei so kurz nach den Unterhauswahlen in diese unangenehme Lage gebracht wurde. Joseph Chamberlain warnte die Liberalen vor Neuwahlen zur *Home Rule*-Frage. Dies könnte aus seiner Sicht die Partei insgesamt zerstören. Randolph Churchill machte ebenfalls seine kategorische Ablehnung deutlich.

Als die Ablehnung verschiedener liberaler Abgeordneter bekannt wurde, kamen Gerüchte auf, es könne eine liberal-konservative Koalition gebildet werden. Letztendlich ergriff Gladstone, der zu diesem Zeitpunkt bereits 76 Jahre alt war, aber bereits am 27. Januar 1886 die Gelegenheit eine eigene Regierung zu bilden. Er hatte sich zu diesem Zeitpunkt entschlossen *Home Rule* durchzusetzen. Dies führte im weiteren Verlauf auf Grund der beschriebenen innerparteilichen Differenzen unweigerlich zur Spaltung der Partei. Unter Hartingtons Führung bildeten sich die Liberalen Unionisten, die später um Brights Gruppe ergänzt wurden. Selbst Radikale wie Chamberlain und Trevelyan,[37] die selbst der Regierung angehörten, gaben ihre Ministerämter wieder zurück. Im Sommer 1886 stimmten ein Drittel der liberalen Abgeordneten gegen das erste *Home Rule*-Gesetz. Die Regierung verlor weiter an Unterstützung und wurde durch ein konservatives Kabinett ersetzt. Es kann also gesagt werden, dass Herbert Gladstones Versuch, der Sache seines Vaters zu dienen, vollkommen fehlgeschlagen ist und Ereignisse in Gang setzte, die die Liberale Partei spaltete, schwächte und damit die Konservativen für die nächsten zwei Jahrzehnte in die Regierung brachte. Letztlich hätte allerdings William Ewart Gladstone den Weg nicht zu Ende gehen müssen und damit hätte er zwar vorübergehend keine Regierungsverantwortung erlangt, aber letztendlich die Einheit der Partei gesichert.

---

[37] George Otto Trevelyan lebte vom 20.7.1838 bis 17.8.1928.

Das Gladstone in letzter Konsequenz diesen Weg ging und sich dabei der großen Probleme bewusst war, ist seinem großen Interesse an der Irischen Frage geschuldet. Als Gladstone 1868 erstmals Premierminister wurde, erklärte er programmatisch: „Meine Mission ist es, in Irland den Frieden herzustellen." Dafür hatte er zwei Maßnahmen ins Auge gefasst: die Auflösung der Staatskirche und die Verbesserung der Rechte der Pächter.[38] Aber auch das *Home Rule*-Gesetz kann hierunter subsumiert werden. Denn letztendlich hatte es zum Ziel die Iren mit der britischen Krone auszusöhnen, ihnen teilweise Selbstständigkeit zu bringen und somit zu einem friedlichen Miteinander beizutragen. Für ihn stellte die Irlandfrage kein einfaches administratives Problem unter anderen dar, sondern er sah in der Suche nach einer Lösung eine persönliche Herausforderung, da diese, wie er meinte, letztlich dem gesamten Königreich dienen würde. Seine Mission sei es, so seine eigenen Worte, Irland Gerechtigkeit und Frieden zu bringen.[39]

Gladstone setzte auch zu Oppositionszeiten seinen Kampf für *Home Rule* fort.[40] Dieses ist ein Zeichen, dass ihn die Irische Frage wirklich berührte und er sich nicht aus Machtkalkül damit beschäftigte.

Es gab auch in den Jahren bevor der *Home Rule*-Gesetzentwurf eingebracht wurde eindeutige Indizien für den Widerstand und die Kampfeslust der Ulster-Unionisten. Diese deutlichen Hinweise und der damit verbundene Widerstand wurden allerdings von den Liberalen unterschätzt.[41] Bestehende Zweifel an seinem Kurs konnte Gladstone allerdings zunächst mit seiner Autorität und politischen Überzeugungskraft ausräumen.[42]

Gladstone war bereit, daraus die Konsequenz zu ziehen. Politisch konnte er davon nur profitieren, weil er sich damit die Stimmen der

---

[38] Vgl. Maurer, Michael: Kleine Geschichte Irlands, a.a.O., S. 234
[39] Vgl. Elvert, Jürgen: Geschichte Irlands, a.a.O., S. 359
[40] Vgl. Elvert, Jürgen: Geschichte Irlands, a.a.O., S. 373
[41] Vgl. Otto, Frank: Der Nordirlandkonflikt. Ursprung, Verlauf, Perspektiven, a.a.O., S. 50
[42] Vgl. Elvert, Jürgen: Geschichte Irlands, a.a.O., S. 360

Liberalen in England sicherte. Die Einnahmen der Staatskirche in Irland wurden in einem staatlichen Fonds zusammengefasst. Aus diesem wurde die Hälfte dazu verwendet die anglikanischen Pfarrer zu besolden, ihre Witwen zu versorgen, milde Stiftungen auszustatten, Ackerbau und Fischzucht anzuregen und Mittel für die Hochschulen bereitzustellen. Die andere Hälfte wurde für die Besoldung der presbyterianischen Geistlichen verwendet (an Stelle des alten *regium donum*) und für Belange der Katholiken (Priesterausbildung in Maynooth) ausgegeben. Dieses *Disestablishment* war der wesentliche Schritt zur Trennung von Staat und Kirche in Irland.[43]

## 7. Fazit und Ausblick

Es hat sich gezeigt, dass 1886 die Zeit für ein *Home Rule*-Gesetz noch nicht reif war. Die Beharrungskräfte reichten weit über die Konservative Partei hinaus. Sie umfassten weite Bevölkerungsteile und reichten bis in die Liberale Partei hinein. Zudem spielte das taktische Fehlverhalten Herbert Gladstones eine große Rolle, das darin gipfelte, dass sich sein Vater wider besseren Wissens dazu entschloss, den Gesetzentwurf ins Parlament einzubringen.

Der Verlauf der Auseinandersetzungen um die Selbstverwaltung legt zwei zusammenhängende Fragen nahe: Warum gaben sich die irischen Nationalisten damit zufrieden, eine so eng begrenzte Forderung nach staatlicher Autonomie aufzustellen, und warum lehnten die Engländer diese Forderung ab?[44]
In allen Gesetzesvorlagen wurde die Oberhoheit des Parlaments in Westminster betont, und die Vollmachten, die dem irischen Parlament übertragen werden sollten, waren eher mit den erweiterten Rechten einer lokalen Verwaltung vergleichbar. Diese Zielsetzung blieb weit hinter den Forderungen O´Conells, die Union aufzuheben, zurück und war für die Revolutionäre, die für die nationale Un-

---

[43] Vgl. zu diesen Abschnitt Maurer, Michael: Kleine Geschichte Irlands, a.a.O., S. 235 f.
[44] Vgl. hierzu Beckett, James Camlin: Geschichte Irlands, a.a.O., S. 209

abhängigkeit kämpften, überhaupt nicht oder kaum von Bedeutung. Dagegen setzten die meisten Vertreter der *Home Rule*-Bewegung ihren praktischen Sachverstand. Sie wollten das akzeptieren, was ihnen zugestanden wurde, und weitere Erfolge der Zukunft überlassen. Selbstverwaltung war nur ein erster Schritt: „Kein Mensch", sagte Parnell, „hat das Recht, einer Nation die Grenzen ihrer Bewegungsrichtung aufzuzwingen."[45]

Nach Parnells Tod, als das Ansehen der nationalistischen Parteigruppe immer mehr sank, gewann jene politische Richtung schrittweise wieder an Boden, die die englische Herrschaft gewaltsam überwinden und die völlige Unabhängigkeit Irlands durchsetzen wollte.[46]

Es lässt sich insgesamt feststellen, dass Irland Ende der 1880er-Jahre ruhiger war, als dies noch eine Generation vorher der Fall war.[47] Aber ebenso verbleibt es bei der Feststellung, dass ein Liberalismus Gladstonescher Prägung ebenfalls vorbei war. Dieses Ende hatte maßgeblich Chamberlain durch sein Verhalten in der *Home Rule*-Frage zu verantworten.

Später wollte Gladstone die Zusammenarbeit mit der *Irish Parliamentary Party* verweigern, wenn sie sich nicht von ihrem Führer Parnell trennen würde. Grund hierfür war der von Gladstone nicht akzeptierte „Ehebruch" Parnells. Dieser hielt allerdings seinen Führungsanspruch aufrecht und die Partei spaltete sich darüber. Schließlich starb er 45jährig im Jahr 1891.

1892 wurde Gladstone erneut Premierminister und im nächsten Jahr brachte er seine zweite Gesetzesvorlage für *Home Rule* ein. Im Unterhaus fand er diesmal zwar eine Mehrheit, scheiterte damit aber im Oberhaus.

---

[45] Vgl. Beckett, James Camlin: Geschichte Irlands, a.a.O., S. 209 f.
[46] Die weitere Entwicklung der *Home Rule*-Bewegung findet sich bei Beckett, James Camlin: Geschichte Irlands, auf S. 210.
[47] Ramm, Agatha: William Ewart Gladstone (Political Portraits), Cardiff 1989, S. 108

Die feindliche Haltung gegen Irland blieb weiterhin bestehen. Sie wurde ausschließlich von den Engländern eingenommen. Die englische Öffentlichkeit war prinzipiell gegen jede Form staatlicher Unabhängigkeit für Irland, so viele Sicherheitsklauseln auch für eine ausreichende Interessenwahrnehmung sorgten.[48]

Gladstone verblieb nur zum Wohle *Home Rules* in der Politik. In der *Home Rule*-Frage hatte er sich 1886 und in den Jahren danach festgelegt. Gladstone nahm dabei auch keine Rücksicht mehr und vermied es sich anderen Standpunkten anzunähern.[49]

Zwar wurde 1914 ein neues *Home Rule*-Gesetz verabschiedet, das den nordirischen Grafschaften freistellte bei Großbritannien zu bleiben oder nicht, doch der Ausbruch des 1. Weltkrieges verhinderte das Inkrafttreten dieses Gesetzes. So dauerte es schließlich bis zum Jahr 1918 bis Irlands Süden seine Unabhängigkeit erhielt. Ulsters Weigerung sich dem *Home Rule*-Gesetz zu fügen war offensichtlich. So folgte ein Bürgerkrieg, der sich um die Frage der Einheit der Nation bewegte.

Letztendlich erlebte Gladstone das Inkrafttreten des *Home Rule*-Gesetzes nicht mehr. Am 19. Mai 1898 starb er 88jährig in Bournemouth.

---

[48] Vgl. Beckett, James Camlin: Geschichte Irlands, a.a.O., S. 211
[49] Vgl. Ramm, Agatha: William Ewart Gladstone (Political Portraits), a.a.O., S. 112

## 8. Anhang: Zeittafel

| | |
|---|---|
| **1801** | Staatsrechtliche Union Großbritanniens und Irlands zum Vereinigten Königreich (*Act of Union*) |
| **1823** | Daniel O'Conell gründet die *Catholic Association* |
| **1829** | Katholische Emanzipation; Politische Gleichberechtigung der Katholiken |
| **1832** | Beginn der englischen Parlamentsreform |
| **1836** | Gründung der *Irish Constabulary* |
| **1845 - 1849** | Große Hungersnot |
| **1847** | Einrichtung öffentlicher Suppenküchen |
| **1848** | Rebellion der *Young Ireland*-Bewegung |
| **1850** | Gründung der Pächterliga (*Irish Tenant League*) |
| **1851** | Gründung der *Catholic Defence Association* |
| **1858** | Gründung der *Irish Republican Brotherhood* in Irland und der Fenier-Bewegung in New York |
| **1867** | Aufstand der Fenier in Irland |
| **1868 - 1874** | Erstes Kabinett Gladstone |
| **1868** | *Disestablishment* (Entstaatlichung) der protestantischen Kirche in Irland; Trennung von Staat und Kirche |
| **1870** | Gladstones erstes Landgesetz *Home Government Association* (Home Rule-Liga) wurde von Isaac Butt gegründet |
| **1871** | Volkszählung ergibt 5.412.377 Einwohner |
| **1872** | Änderung des Wahlrechts (geheime Wahlen) |
| **1873** | Gründung der *Home Rule League* |
| **1874** | Erstmals wurden Pächter als Abgeordnete ins Unterhaus gewählt |
| **1877** | Parnell erreicht, dass die letzten Fenier amnestiert werden |
| **1879** | Gründung der *Irish National Land League* (Landliga) |
| **1879 - 1882** | Auseinandersetzung um die Landreform |
| **1880 - 1885** | Zweites Kabinett Gladstone |
| **1880** | Parnell wird Präsident der *Home Government Association* |

| | |
|---|---|
| **1881** | Gladstone bringt seinen zweiten *Land Act* ein (Zweites Landgesetz; Inhalt: *Fair Rents, Fixity of Tenure, Free Sale*) |
| | Verbot der Landliga |
| **1882** | An die Stelle der *Land League* trat nun die *Irish National League* |
| | Arrears Act |
| | Vertrag von Kilmainham mit Gladstone, Parnell wird aus dem Gefängnis entlassen |
| | Wiederholte Anschläge gegen britische Regierungsvertreter |
| **1884** | Wahlrechtsreform (Abschaffung der Besitzqualifikation) und Zugewinne für Parnell und die *Home Rule*-Partei |
| **1885 - 1905** | Mit einer Unterbrechung konservative Regierung |
| **1886** | Drittes Kabinett Gladstone |
| | *Home Rule*-Gesetzentwurf scheitert im Unterhaus am Widerstand der liberalen Unionisten |
| | Die britischen Konservativen gehen eine enge Verbindung mit den irischen Unionisten ein |
| | Spaltung der Liberalen |
| | Konservativer Wahlsieg |
| | Im *United Ireland* wird der *Plan of Campaign* veröffentlicht. |
| **1890** | Parnells Manifest an das irische Volk |
| | Parnell verliert die Parteiführung |
| **1892 - 1894** | Viertes Kabinett Gladstone |
| **1893** | Scheitern des zweiten *Home Rule*-Gesetzes am Veto des Oberhauses |
| | Gründung der *Gaelic League* |
| **1911** | Parlamentsreform |
| | Ankündigung gewaltsamen Widerstands gegen *Home Rule* durch die Unionisten |
| **1913** | Dritte *Home Rule*-Vorlage wird vom Unterhaus angenommen. |

| | |
|---|---|
| **1914** | *Home Rule* wird Gesetz |
| | Drohender Aufstand in Nordirland |
| **1916** | Oster-Aufstand in Dublin |
| **1918 - 1921** | Irischer Unabhängigkeitskrieg |
| **1921** | Unterzeichnung des Vertrages zur Unabhängigkeit I-lands bei Abtrennung des Nordens |
| **1922 - 1923** | Irischer Bürgerkrieg |

# 9. Anhang: Wahlergebnisse der Unterhauswahlen 1868 bis 1892

### Wahlergebnis Unterhauswahl 1868

| Partei | Stimmen | Sitze | Verlust/Gewinn | Prozentua-ler Anteil |
|---|---|---|---|---|
| Liberale | 1.428.776 | 387 | + 18 | 61.5 |
| Konservative | 903.318 | 271 | - 18 | 38.4 |

### Wahlergebnis Unterhauswahl 1874

| Partei | Stimmen | Sitze | Verlust/Gewinn | Prozentua-ler Anteil |
|---|---|---|---|---|
| Liberale | 1.281.159 | 242 | - 145 | 52.0 |
| Konservative | 1.091.708 | 350 | + 79 | 44.3 |
| *Home Rule* | 90.234 | 60 | | 3.7 |

### Wahlergebnis Unterhauswahl 1880

| Partei | Stimmen | Sitze | Verlust/Gewinn | Prozentua-ler Anteil |
|---|---|---|---|---|
| Liberale | 1.836.423 | 352 | + 110 | 54.7 |
| Konservative | 1.426.351 | 237 | - 113 | 42.5 |
| *Home Rule* | 95.535 | 63 | + 3 | 2.8 |

### Wahlergebnis Unterhauswahl 1885

| Partei | Stimmen | Sitze | Verlust/Gewinn | Prozentua-ler Anteil |
|---|---|---|---|---|
| Liberal | 2.199.198 | 319 | - 33 | 47.4 |
| Konservative | 2.020.927 | 249 | + 12 | 43.5 |
| Irische Nationalisten | 310.608 | 86 | + 23 | 6.9 |
| Unabhängige Liberale | 80.435 | 16 | | 1.8 |
| Unabhängige Konservative | 12.599 | 2 | | 0.3 |
| Unabhängige | 6.570 | 0 | | 0.1 |

Wahlergebnis Unterhauswahl Juli 1886

| Partei | Stimmen | Sitze | Verlust/Gewinn | Prozentualer Anteil |
|---|---|---|---|---|
| Konservative und Liberale Unionist | 1.427.627 | 393 | + 144 | 51.4 |
| Liberale | 1.244.683 | 192 | - 127 | 45.0 |
| Irische Nationalisten | 94.050 | 85 | - 1 | 3.5 |

Im Einzelnen erhielten die Konservativen 316 Sitze, die Liberalen 191 Sitze und die Liberalen Unionisten 78 Sitze. Die Zuordnung eines Abgeordneten zu den Liberalen bzw. Liberalen Unionisten ist umstritten.

Wahlergebnis Unterhauswahl 1892

| Partei | Stimmen | Sitze | Verlust/Gewinn | Prozentualer Anteil |
|---|---|---|---|---|
| Konservative und Liberale Unionisten | 2.028.586 | 313 | - 80 | 47.0 |
| Liberale | 1.958.598 | 272 | + 80 | 45.1 |
| Irische Nationalisten | 291.647 | 81 | - 4 | 7.0 |
| Unabhängige Labour | 22.198 | 3 | + 3 | 0.5 |
| Unabhängige Konservative | 5.556 | 0 | | 0.1 |
| Unabhängige Liberale | 3.572 | 1 | + 1 | 0.1 |
| Trades Councils Labour | 2.313 | 0 | | 0.0 |

| | | | | |
|---|---|---|---|---|
| Unabhängige Nationalisten | 2.180 | 0 | | 0.0 |
| Parliamentary Labour | 1.866 | 0 | | 0.0 |

# 10.  Literaturverzeichnis

| | |
|---|---|
| Beckett, James Camlin | Geschichte Irlands, Stuttgart 1997 |
| Craig, Gordon A. | Geschichte Europas 1815-1980. Vom Wiener Kongress bis zur Gegenwart, München 1984 |
| Elvert, Jürgen | Geschichte Irlands, München 1999 |
| Elvert, Jürgen (Hrsg.) | Nordirland in Geschichte und Gegenwart/ Northern Ireland – Past and Present, Stuttgart 1994 |
| Jackson, Alvin | Home Rule – An Irish History 1800 – 2000, London 2003 |
| Kastendiek, Hans/Rohe, Karl/Volle, Angelika (Hrsg.) | Länderbericht Großbritannien. Geschichte – Politik – Wirtschaft – Gesellschaft (Band 354 der Schriftenreihe der Bundeszentrale für politische Bildung), Bonn 1998 |
| Maurer, Michael | Kleine Geschichte Irlands, Stuttgart 1998 |
| Noetzel, Thomas | Geschichte Irlands. Vom Erstarken der englischen Herrschaft bis heute, Darmstadt 2003 |
| Otto, Frank | Der Nordirlandkonflikt. Ursprung, Verlauf, Perspektiven, München 2005 |
| Ramm, Agatha | William Ewart Gladstone (Political Portraits), Cardiff 1989 |

Internetseiten zu den Themen:

| | |
|---|---|
| The Radical Programme | http://www.liberalhistory.org.uk/record.jsp?type=page&ID=163 (Stand 19.07.2005) |
| The Newcastle Programme | http://www.liberalhistory.org.uk/record.jsp?type=page&ID=35 (Stand 19.07.2005) |
| The Midlothian Campaign | http://www.liberalhistory.org.uk/record.jsp?type=page&ID=34 (Stand 19.07.2005) |
| The Home Rule crisis | http://www.liberalhistory.org.uk/record.jsp?type=page&ID=203 (Stand 19.07.2005) |
| Liberal Unionists | http://www.liberalhistory.org.uk/record.jsp?type=page&ID=75 (Stand 19.07.2005) |
| Hawarden Kite | http://www.liberalhistory.org.uk/record.jsp?type= |

|  |  |
|---|---|
|  | page&ID=121 (Stand 19.07.2005) |
| Hartington | http://www.liberalhistory.org.uk/record.jsp?type= |
|  | page&ID=76 (Stand 19.07.2005) |
| Chamberlain | http://www.liberalhistory.org.uk/record.jsp?type= |
|  | page&ID=135 (Stand 19.07.2005) |
| Unterhauswahl 1885 | http://www.answers.com/main/ntquery?method= |
|  | 4&dsid=2222&dekey=United+Kingdom+general |
|  | +election%2C+1885&gwp=8&curtab=2222_1&li |
|  | nktext=1885 (Stand 24.8.2005) |
| Unterhauswahl 1886 | http://www.answers.com/main/ntquery?method= |
|  | 4&dsid=2222&dekey=United+Kingdom+general |
|  | +election%2C+1886&gwp=8&curtab=2222_1&li |
|  | nktext=1886 (Stand 24.8.2005) |

## Erklärung

Hiermit erkläre ich, dass ich diese Arbeit selbständig verfasst und keine anderen als die angegebenen Quellen benutzt habe.

Hannover, 30.09.2005